21
안드로메다를 구한 페르세우스

주니어RHK

신화의 가치

신화는 한 민족의 기원이나 역사적 · 종교적 · 문화적 삶의 모습을 보여 주는 옛이야기입니다. 주로 신과 영웅에 관한 이야기가 많고, 오랫동안 입에서 입으로 전해 내려왔다는 특징이 있지요.

우리가 살펴볼 그리스 로마 신화는 고대 그리스와 로마에 전해 오는 신화와 전설을 한데 묶은 것입니다. 그리스 로마 신화는 고대의 삶을 엿보게 해 주는 문화유산일 뿐만 아니라, 세계 여러 나라의 문학과 미술에 큰 영향을 끼쳤습니다. 하지만 문화적 가치만큼이나 중요한 것이 또 있습니다. 오래된 옛이야기이면서도 거기에 담긴 교훈적 가치가 오늘날에도 여전히 쓸모 있고 중요하다는 사실입니다.

놀랍지 않나요? 수천 년 전의 이야기가 어떻게 과학 문명이 고도로 발달한 오늘날에도 통하는 것일까요? 그것은 바로 그리스 로마 신화에 나오는 신과 영웅의 모습이 오늘날 우리의 모습과 다르지 않기 때문입니다. 신들도 우리처럼 분노하고, 질투하고, 실수를 하지요. 그런 모습을 보면서 우리는 깔깔 웃거나 눈물을 흘리고, 교훈과 감동을 얻습니다. 우리가 그리스 로마 신화를 읽어야 하는 까닭이 바로 이것입니다.

신화의 세계로 떠날 여러분에게 한마디 덧붙이자면, 신화는 우리에게 끝없는 상상력을 요구한다는 점입니다. 신화 속에는 수많은 은유와 상징이 곳곳에 널려 있지요. 따라서 신화를 읽을 때에는 상상력을 최대한 발휘하여 신화 속에 숨겨진 의미를 찾고, 그것을 자기 나름대로 재해석하는 과정이 필요합니다. 이렇게 읽었을 때에야 비로소 여러분 앞에 놀라운 삶의 이야기가 펼쳐질 것입니다.

자, 그럼 흥미진진한 신화의 세계 속으로 함께 떠나 볼까요?

페르세우스는 메두사의 목을 베고 집으로 돌아오다가
바위에 묶여 있는 안드로메다 공주를 보고 한눈에 반합니다.
안드로메다 공주는 바다 괴물의 제물이 되어 바위에 묶여 있었습니다.
과연 페르세우스는 바다 괴물을 물리치고
무사히 안드로메다 공주를 구해 낼 수 있을까요?

주요 등장인물

✤ 케페우스 왕 ✤

에티오피아의 왕이에요.
아내 카시오페이아의 허영심 때문에
어쩔 수 없이 딸을 제물로 바치게 돼요.

✤ 카시오페이아 왕비 ✤

케페우스 왕의 아내이자
안드로메다의 어머니예요.
딸 안드로메다의 아름다움을 뽐내고
신을 무시하다가 딸을
제물로 바치는 벌을 받아요.

✤ 안드로메다 ✤

에티오피아의 공주로
무척 아름다워요.
엄마의 자만심 때문에
바다 괴물의 제물로 바쳐져요.

✤ 페르세우스 ✤

다나에와 제우스의 아들로
순진하고 용감한 청년이에요.
바위에 묶인 안드로메다를
발견하고 바다 괴물과 싸워요.

1
제물이 된 안드로메다

"저건 뭐지?"

페르세우스는 궁금해서 그쪽으로 날아갔습니다.

가까워질수록 하얀 점이 점점 형태를 드러냈습니다.

메두사를 무찌른 페르세우스는 어머니가 계신 섬으로 돌아가기 위해 날개 달린 신발을 신고 하늘을 날고 있었습니다.

바다 위를 지나게 된 페르세우스는 기분이 상쾌했습니다. 발아래 푸른 바다를 내려다보며 한껏 숨을 들이켰습니다.

그때입니다. 검은 바위로 된 섬에 유독 하얀 점 같은 것이 보였습니다.

"저건 뭐지?"

페르세우스는 궁금해서 그쪽으로 날아갔습니다. 가까워질수록 하얀 점이 점점 형태를 드러냈습니다. 그것은 희고 아름다운 여인의 모습을 빚은 조각상 같았습니다.

"저런 곳에 왜 조각상을 세워 놓았을까?"

페르세우스는 좀 더 살펴보려고 섬 가까이 날아갔습니다.

그런데 가까이 날아가면서 보니 그것은 조각상이 아니었습니다.

"아니, 살아 있는 사람이잖아?"

페르세우스는 깜짝 놀랐습니다. 조각상인 줄 알았던 것은 아름다운 여인이었습니다. 얼굴빛이 희고 창백해서 조각상처럼 보였던 것입니다.

'정말 아름답구나. 이렇게 멋진 여인은 처음 봤어!'

페르세우스는 여인에게 한눈에 반했습니다. 페르세우스는 빠르게 날아가 섬에 내려섰습니다.

여인은 바위에 쇠사슬로 단단히 묶여 있었습니다. 두 눈은 먼 곳을 응시하며 슬픈 표정을 짓고 있었습니다.

'누가 이런 짓을 했단 말인가, 대체 무슨 일인 거지?'

페르세우스는 마음이 아팠습니다.

안드로메다와 페르세우스

〈안드로메다와 페르세우스〉 페테르 파울 루벤스

무장을 한 페르세우스와 안드로메다가 이야기를 나누고 있어요. 이야기 속에서는 페르세우스가 날개 달린 말 페가수스를 타고 있지 않지만, 많은 화가들이 페르세우스를 페가수스와 함께 그렸답니다.

페르세우스는 용기를 내어 여인에게 말을 건넸습니다.

“여인이여, 당신은 누구인가요?”

여인은 진짜 조각상처럼 꼼짝도 하지 않았습니다. 페르세우스가 다시 물었습니다.

“당신처럼 아름다운 분이 어째서 이곳에 묶여 있는 겁니까? 말해 보세요. 누가 이렇게 만들었습니까?”

여인이 천천히 고개를 돌렸습니다. 하지만 여전히 조각상처럼 입을 열지 않았습니다.

페르세우스는 여인을 바라보며 자신 있게 말했습니다.

“제 이름은 페르세우스입니다. 전 신들의 도움으로 메두사까지 해치우고 돌아가는 길입니다. 제겐 당신을 도울 힘이 있습니다. 그러니 이야기해 보세요.”

그제야 여인은 고개를 들어 페르세우스를 바라보았습니다.

"저는 에티오피아의 공주, 안드로메다입니다."

"아, 공주님이로군요. 그런데 귀한 공주님이 어쩌다 이렇게……. 절 믿고 어서 이야기해 보세요."

페르세우스는 친절하게 말했습니다. 한참 동안 말을 잇지 못 하던 안드로메다의 눈에 눈물이 가득 고였습니다.

"저는 지금 어머니의 죗값을 치르고 있어요."

페르세우스는 이해할 수 없었습니다.

"그게 무슨 말이죠? 어머니의 죗값이라니요? 그리고 왜 어머니의 죄를 당신이 치러야 합니까? 공주님, 대체 무슨 일이 있었던 겁니까?"

안드로메다의 창백한 뺨에 눈물이 흘러내렸습니다.

"바다의 신들이 화가 났기 때문이에요."

"좀 더 자세히 이야기해 보세요."

페르세우스는 어떻게 된 일인지 몹시 궁금했습니다.

안드로메다는 고개를 저었습니다.

“얘기하자면 너무 길어요. 곧 바다 괴물이 올 테니, 당신도 얼른 피하시는 것이 좋아요.”

“아닙니다. 제가 공주님을 지켜 드리겠습니다. 그러니 무슨 일인지 어서 이야기해 보십시오.”

페르세우스는 물러서지 않았습니다. 공주를 돕겠다는 의지가 서린 눈길로 안드로메다의 눈을 또렷이 바라보았습니다.

마침내 안드로메다는 이야기를 시작했습니다.

2
안드로메다의 사연

"잘 듣거라, 포세이돈의 딸들아!
너희가 아무리 아름답다고 해도,
우리 딸 안드로메다가 가장 예쁘단다!"

안드로메다는 에티오피아의 케페우스 왕과 카시오페이아 왕비 사이에서 태어났습니다.

카시오페이아 왕비는 아름답지만 *자만심이 넘쳤습니다. 날마다 거울을 보며 자신의 아름다움을 뽐냈습니다.

"세상에 나처럼 아름다운 사람이 또 있을까? 누구도 내 아름다움에 반하지 않고는 못 *배길 거야."

날이 갈수록 카시오페이아 왕비의 자랑은 심해졌습니다. 왕비는 하나뿐인 딸 안드로메다도 자기만큼 예쁘다고 끊임없이 자랑을 늘어놓았습니다.

"내 딸 안드로메다도 내 *미모를 쏙 빼닮았지. 안 그래? 바다의

*자만심 자신이나 자신과 관련 있는 것을 스스로 자랑하며 뽐내는 마음.
*배기다 어떤 동작을 꼭 하고야 맒을 이르는 말.
*미모 아름다운 얼굴 모습.

님프가 아무리 아름답다고 해도 우리 안드로메다 발치에도 못 따라올걸?"

카시오페이아 왕비는 바다의 님프인 네레이드 자매를 무시하는 말을 쉽게 내뱉었습니다. 네레이드 자매는 포세이돈의 딸들로, 아름답기로 소문난 님프들이었습니다.

어느 날, 카시오페이아 왕비는 바닷가를 거닐다가 또 딸의 미모를 자랑하고 싶어졌습니다. 그래서 바다를 향해 큰 소리로 외쳤습니다.

"잘 듣거라, 포세이돈의 딸들아! 너희가 아무리 아름답다고 해도, 우리 딸 안드로메다가 가장 예쁘단다!"

그 말은 울리고 울려, 마침내 네레이드 자매의 귀에까지 들어갔습니다. 바다의 님프 네레이드 자매는 아름다운 자태로는 누구보다도 자신이 있었습니다. 님프들은 카시오페이아 왕비의 말에 발끈 화가 났습니다.

"뭐라고? 듣던 대로 왕비의 자만심이 지나치구나. 감히 인간인 주제에 신을 무시하다니……."

네레이드 자매는 그동안 카시오페이아 왕비가 안드로메다의 아름다움을 자랑한다는 소문은 들어서 알고 있었습니다. 그런데 건방지게 바다를 향해 외치기까지 하자, 더 이상 참을 수가 없었습니다.

네레이드 자매

〈포세이돈의 개선〉 니콜라 푸생

네레이드 자매는 바다의 님프로, 모두 쉰 명의 자매예요. 모두 무척 아름다우며 앞날을 내다보는 능력을 지녔지요. 바다 깊은 곳 동굴에 살면서 바다를 항해하는 선원들을 도와주곤 했어요. 바다의 신 포세이돈과 그의 아들 트리톤과 함께 바다를 누비고 다녔답니다. 이 님프들 여러 명을 부를 때에는 '네레이데스'라고 해요.

네레이드 자매들은 당장 바다의 신 포세이돈을 찾아갔습니다. 포세이돈은 딸들의 얼굴을 보고 걱정스럽게 물었습니다.

"아니, 어쩐 일로 다들 그렇게 화가 났느냐."

"에티오피아의 카시오페이아 왕비가 자기 딸이 우리보다 훨씬 예쁘다고 하면서 저희를 깔보고 다녀요. 신들을 *업신여기는 꼴을 더는 못 보겠어요!"

"그게 정말이더냐? 감히 내 딸들을 무시하다니!"

*업신여기다 교만한 마음에서 남을 낮추어 보거나 하찮게 여기다.

포세이돈은 노했습니다. 그는 화가 난 딸들을 위해 복수해 주기로 마음먹었습니다.

"내가 해결해 주마. 괴물을 보내 모두 삼켜 버리게 할 것이다."

포세이돈은 들고 있던 삼지창, 트리아이나를 휘둘렀습니다. 순간 바닷물이 솟구치더니 집채만 한 파도가 일어났습니다. 포세이돈이 명령했습니다.

"파도야, 가라! 괴물이 뒤따라갈 것이다!"

커다란 파도는 에티오피아 바닷가로 빠르게 밀려갔습니다.

에티오피아 사람들은 아무것도 모르고 평화로운 한때를 보내고 있었습니다. 그런데 갑자기 먼 바다에서 엄청나게 높은 파도가 밀려왔습니다.

“으악, 파도다! 어서 피해!”

“아이쿠, 사람 살려!”

사람들은 깜짝 놀라서 달아났습니다. 파도는 무서운 기세로 바닷가 마을을 덮쳤습니다. 쉬지 않고 파도가 밀려왔습니다. 바닷물은 사람들이 사는 마을까지 덮쳐 집과 사람들을 삼켜버렸습니다. 논과 밭에서 소중하게 키운 농작물도 휩쓸고 지나갔습니다.

키우던 소와 말들도 순식간에 물살에 떠내려갔습니다.

"이를 어쩌면 좋아. 다 떠내려갔네, 다 떠내려갔어."

사람들은 발을 동동 굴렀지만, 물은 점점 불어나 지붕 위까지 차올랐습니다.

곧이어 파도 사이로 무언가 시커먼 형체가 나타났습니다. 거대하고 *험악하게 생긴 바다 괴물이었습니다.

"으악, 도망가자!"

사람들은 정신 없이 달아났지만 소용이 없었습니다. 괴물은 파도를 타고 넘어와서는 사람들을 마구 삼켰습니다. 그리고 발에 밟히는 무엇이든 짓밟고 부수었습니다.

"누가 좀 도와주세요!"

하지만 무시무시한 바다 괴물에 대항할 사람은 없었습니다. 괴물은 그렇게 마을을 휩쓸어 놓고는 바다로 사라졌습니다.

그 뒤로 바다 괴물은 자주 바닷가에 나타났습니다. 그때마다

*험악하다 인심, 성질, 태도, 생김새 따위가 흉악하다.

사람들을 잡아먹거나 남아 있는 집들을 부수었습니다. 마을 사람들은 바다 괴물을 피해 멀리 달아났습니다. 하지만 집도, 먹을 거리도 바닷물에 다 떠내려가서 살 수가 없었습니다.

바닷가 마을 사람들은 케페우스 왕에게 몰려가 하소연했습니다.

"왕이시여, 모두 살 수가 없다고 힘들어합니다. 이 일을 얼른 해결해 주십시오."

케페우스 왕은 어떻게 해야 좋을지 알 수 없었습니다.

"신이 노하신 게 틀림없다. 이를 어쩐단 말인가."

케페우스 왕은 바다 괴물을 물리치려면 신의 뜻을 알아야 한다고 생각했습니다. 그래서 신탁을 듣기 위해 서둘러 신전에 찾아가 예언자에게 물었습니다.

"이 나라에 닥친 재앙을 풀려면 어찌해야 하겠습니까?"

잠시 후 예언자가 말했습니다.

"이 재앙을 거두려면 딸 안드로메다를 바다 괴물의 제물로 바치는 방법밖에 없소. 바닷가 섬의 벼랑에 안드로메다 공주를 묶어 두시오!"

"뭐라고요? 제 딸을요?"

케페우스 왕은 얼굴이 하얗게 질렸습니다. 다른 방법을 알려 달라고 사정했지만 예언자는 같은 말만 되풀이했습니다.

이 소식을 듣고 카시오페이아 왕비는 쓰러지고 말았습니다.

"안 돼요! 다 내 탓이에요. 내 죄 때문에 안드로메다를 제물로 바칠 수는 없어요! 차라리 내가 죽겠어요."

카시오페이아 왕비는 흐느껴 울었습니다. 자기가 한 행동을 후회했지만 이미 엎질러진 물이었습니다. 예언대로라면 안드로메다를 바쳐야만 나라를 살릴 수 있을 것입니다.

케페우스 왕은 선뜻 결정을 내리지 못했습니다. 그 사이에도 괴물은 여러 번 나타나서 사람들을 괴롭혔습니다. 바닷물이 사람들과 집들을 휩쓸어 갔습니다. 케페우스 왕이 *침통한 얼굴로 말했습니다.

"더 이상 두고 볼 수 없다. 나라를 위해 안드로메다를 제물로 바칠 준비를 하라."

카시오페이아 왕비는 눈물을 줄줄 흘렸습니다.

안드로메다와 결혼을 약속했던 청년 피네우스도 아무 말 하지 못했습니다.

***침통하다** 슬픔이나 걱정 따위로 몹시 마음이 괴롭거나 슬프다.

3
페르세우스가 나서다

"뭐라고? 자네가 나서겠다는 말인가?

무슨 수로 바다 괴물을 이긴단 말인가?"

안드로메다의 이야기가 끝났습니다. 안드로메다는 나라를 살리기 위해서 자기에게 닥친 운명을 받아들였습니다. 괴로웠지만 백성들을 살리려면 어쩔 수 없다고 생각했습니다. 그렇게 해서 바닷가 벼랑에 묶여 있었던 것입니다.

페르세우스는 안드로메다의 이야기를 듣고 마음이 아팠습니다.

"아무리 예언이 그렇다 해도, 어떻게 산 사람을 제물로 바친단 말이오. 게다가 아무 죄도 없는 공주를 이대로 놔둘 수는 없습니다!"

페르세우스는 안드로메다를 구하기로 마음먹었습니다.

"공주님, 걱정 마세요! 제가 구해 드리겠습니다. 어떤 괴물이 나타나든 다 물리칠 겁니다."

"고맙지만 받아들일 수 없어요. 당신도 죽고 말 거예요. 바다 괴물을 이길 수 있는 사람은 없어요. 그러니 얼른 도망치세요!"

안드로메다는 용감하게 나서는 페르세우스가 걱정되었습니다. 게다가 페르세우스의 따뜻한 마음과 늠름한 태도에 마음을 빼앗겼습니다.

사람들이 신에게 제물을 바치는 이유

옛날 그리스 사람들은 신이 인간 세상의 모든 것을 다스린다고 생각했어요. 그래서 신을 존경하고 감사하는 마음을 표현하고자 제물을 바쳤지요. 제물은 그 지역 사람들이 바칠 수 있는 것 중에서 가장 좋다고 여기는 것이었어요. 동물을 산 채로 바치기도 하고, 동물을 구하기 어려우면 동물 모양의 빵을 만들어서 바치기도 했어요. 그래야 신이 노하지 않고 인간 세상을 잘 다스려 줄 것이라 믿었던 것이지요.

잠시 후 케페우스 왕과 카시오페이아 왕비가 나타났습니다. 마지막으로 안드로메다를 만나려고 온 것이었습니다.

"내 딸 안드로메다, 정말 미안하다. 내가 대신 죽어야 하는 것을……."

카시오페이아 왕비는 딸의 얼굴을 제대로 쳐다보지 못 했습니다. 안드로메다의 손을 붙잡고 끊임없이 눈물만 흘렸습니다.

곧이어 파도가 바위에 부딪치는 소리가 점점 거세졌습니다. 멀리서 바다 괴물이 울부짖는 소리가 들려왔습니다.

카시오페이아 왕비는 놀라서 바다 쪽을 바라보았습니다. 안드로메다를 껴안고 울먹이며 말했습니다.

"괴물이다! 곧 바다 괴물이 나타나려나 보다. 이를 어쩌면 좋단 말이냐."

파도가 점점 더 높이 솟아오르자, 카시오페이아 왕비는 목 놓아 울기 시작했습니다.

이를 지켜보던 페르세우스가 당당하게 말했습니다.

"눈물을 거두세요. 저는 제우스 신의 아들 페르세우스입니다. 제가 안드로메다 공주를 구하겠습니다!"

케페우스 왕이 놀라서 물었습니다.

"뭐라고? 자네가 나서겠다는 말인가? 무슨 수로 바다 괴물을 이긴단 말인가?"

"저는 신의 도움을 받은 용사입니다. 이미 메두사도 물리치고 돌아가는 길입니다."

페르세우스가 씩씩하게 대답하자 케페우스 왕은 놀라서 말을 잇지 못했습니다.

"오, 메두사를 이길 정도라면……. 젊은이! 우리 딸을 꼭 구해 주게. 그렇게만 해 준다면 내가 무엇이든 들어 주겠소."

페르세우스는 안드로메다를 바라보며 말했습니다.

"제가 바라는 건 오직 하나입니다. 제가 바다 괴물과 싸워 이기면 안드로메다 공주와의 결혼을 허락해 주십시오."

케페우스 왕은 그 말을 듣자 곧바로 대답했습니다.

"물론이지! 자네 같은 영웅이라면 우리 안드로메다의 신랑감으로 자격이 충분하네. 더 바랄 게 없어. 그러니 꼭 힘내서 바다 괴물을 물리쳐 주게."

"걱정 마십시오. 제게 맡겨 주십시오."

페르세우스는 힘차게 말했습니다. 안드로메다도 페르세우스를 믿음직스러운 눈빛으로 바라보았습니다.

4
바다 괴물과의 싸움

"아레스의 칼이여, 한 번 더 힘을 다오!"

페르세우스는 쏜살같은 몸짓으로 바다 괴물을 향해

칼을 내리꽂았습니다.

큰 물결이 밀려왔습니다. 거품이 부글부글 일고 파도가 거세게 출렁였습니다.

콰아아아! 물살을 가르고 무언가가 불쑥 솟아올랐습니다.

"으악, 바다 괴물이다!"

지켜보던 사람들이 놀라서 소리를 질렀습니다. 안드로메다도 비명을 질렀습니다.

"바다 괴물아, 이리 오너라. 내가 상대해 주마!"

페르세우스는 다이아몬드 칼을 단단히 쥐고 재빨리 날아올랐습니다. 사람들은 마음을 졸이며 페르세우스와 바다 괴물의

싸움을 지켜보았습니다.

바다 괴물이 큰 파도를 일으키며 페르세우스에게 *돌진했습니다. 페르세우스는 날개 달린 신발을 퍼덕이며 바다 괴물을 향해 날아갔습니다.

***돌진** 세찬 기세로 거침없이 곧장 나아감.

페르세우스는 칼을 뽑아 바다 괴물을 향해 달려들었습니다. 그러고는 있는 힘을 다해 옆구리를 찔렀습니다.

"이얍!"

"크아앙!"

바다 괴물은 상처를 입고 바닷속으로 첨벙 뛰어들었습니다. 바다 괴물이 온몸을 비틀며 날뛰자 거센 파도가 일고, 하얀 거품이 사방으로 튀었습니다.

"오냐, 한번 덤벼 봐라!"

페르세우스가 큰 소리로 외쳤습니다. 바다 괴물은 약이 올라 페르세우스를 찾아 이리저리 몸을 뒤틀었습니다. 그러더니 페르세우스를 향해 덤벼들었습니다.

페르세우스는 날쌔게 피해서 하늘로 날아올랐습니다. 아래를 내려다보니 괴물이 퍼덕거리며 비늘을 바짝 곤두세우는 것이 보였습니다. 바다 괴물은 페르세우스를 잡으려고 높이 솟아올랐다가 다시 물속으로 곤두박질쳤습니다.

페르세우스는 바다 괴물 가까이 다가 갔습니다. 이번에는 바다 괴물의 비늘 사이에 있는 맨살을 노렸습니다. 무엇이든 한 번에 자를 수 있는 다이아몬드 칼이니, 괴물은 틀림없이 큰 상처를 입을 것이었습니다.

페르세우스는 바다 괴물이 움직이는 사이로 요리조리 날아가 비늘 사이로 칼을 쑤셔 넣었습니다.

“크아아, 크아앙!”

바다 괴물은 고통스러운 소리를 내지르며 몸부림을 쳤습니다. 괴물의 몸에서 피가 흘러나와 사방으로 튀었습니다.

“이크!”

페르세우스는 재빨리 뒤로 날아가려 했습니다. 하지만 피가 섞인 바닷물이 온통 튀어오르는 바람에 페르세우스가 신은 신발의 날개가 젖어버렸습니다.

“이런, 큰일이다! 날 수 없게 되었군!”

페르세우스는 신발의 날개를 접고 바위에 내려앉았습니다.

페르세우스는 바위 뒤에 잠시 몸을 숨기고 가쁜 숨을 몰아쉬었습니다.

'만만치 않은 녀석이군. 하지만 어서 승부를 내야 해!'

페르세우스는 숨을 돌린 뒤 바위를 기어 올라갔습니다. 바위 틈에 몸을 숨기고 다이아몬드 칼을 단단히 움켜쥐고는, 바다 괴물이 다가오기를 기다렸습니다.

바다 괴물은 페르세우스를 찾아 바다를 휘젓고 다녔습니다. 그러더니 바위 틈에 있는 페르세우스를 발견했는지 재빨리 달려왔습니다.

"오냐, 이때다!"

페르세우스는 칼을 번쩍 치켜들고 외쳤습니다.

"아레스의 칼이여, 한 번 더 힘을 다오!"

페르세우스는 쏜살같은 몸짓으로 바다 괴물을 향해 칼을 내리 꽂았습니다. 날카로운 다이아몬드 칼은 괴물의 몸 깊숙이 들어갔습니다.

"크아아앙!"

바다 괴물은 펄쩍펄쩍 날뛰었습니다. 검붉은 파도가 크게 튀었습니다. 페르세우스는 칼을 높이 든 채 그 모습을 지켜보았습니다.

한참 동안 몸부림치던 바다 괴물은 서서히 움직임이 약해졌습니다. 마침내 바다 괴물은 깊은 바닷속으로 천천히 가라앉았습니다.

"와, 바다 괴물을 무찔렀다!"

"저 청년이 공주님을 살렸다!"

사람들은 기뻐서 함성을 질렀습니다. 케페우스 왕과 카시오페이아 왕비도 기뻐서 어쩔 줄 몰랐습니다. 안드로메다의 얼굴도 환하게 빛났습니다.

페르세우스는 당당하게 바위 꼭대기에서 아래로 내려왔습니다. 얼굴에는 땀방울이 송송 솟아 있었습니다.

안드로메다를 구하는 페르세우스

〈안드로메다를 구하는 페르세우스〉 피에로 디 코시모

이 그림을 자세히 보면 시간 순서대로 페르세우스의 모습을 볼 수 있어요. 안드로메다를 향해 날아가는 페르세우스가 오른쪽 위에 보여요. 가운데에서는 페르세우스가 바다 괴물에게 칼을 휘두르고 있어요. 오른쪽 아래는 안드로메다를 구한 페르세우스가 사람들의 축하를 받는 장면이에요.

페르세우스는 안드로메다가 묶여 있는 바위로 다가갔습니다. 그러고는 칼을 들어 안드로메다를 묶은 쇠사슬을 잘랐습니다.

"안드로메다 공주, 이젠 걱정 마십시오. 다시는 바다 괴물이 나타나지 않을 겁니다."

페르세우스의 말에 안드로메다도 따뜻한 미소를 지었습니다.

"고마워요. 당신이 괴물을 이길 거라고 생각했어요."

페르세우스는 안드로메다를 *부축해 벼랑에서 내려왔습니다.

케페우스 왕과 카시오페이아 왕비가 달려왔습니다. 그들은 안드로메다를 얼싸안고 하염없이 눈물을 흘렸습니다.

"안드로메다, 살아서 다행이다. 얼마나 놀랐니?"

왕은 정신을 차리고 페르세우스에게 말했습니다.

"우리 딸을 구해 내다니, 정말 고맙소."

카시오페이아 왕비도 말했습니다.

"이 은혜를 어떻게 갚아야 할지 모르겠군요. 정말 고마워요."

*부축 겨드랑이를 붙잡아 걷는 것을 도움.

"자, 얼른 왕궁으로 갑시다. 잔치를 열어야겠소."

왕궁으로 돌아온 케페우스 왕과 카시오페이아 왕비는 페르세우스와 안드로메다를 위해 큰 잔치를 열었습니다.

페르세우스는 먼저 자기를 돌봐준 제우스 신에게 감사하는 것을 잊지 않았습니다. 올림포스를 향해 제물을 올리고 정성껏 절을 했습니다.

제우스는 그 모습을 흐뭇하게 내려다보았습니다.

신화 OLYMPUS GUARDIAN 뒷이야기

오늘날 모험 소설이나 영화를 보면 그리스 로마 신화에서 영향을 받은 작품이 많습니다. 특히 상상의 세계를 그린 작품들은 신화의 영향을 상당히 많이 받았습니다. 세계 3대 판타지 소설 중 하나로 널리 알려진 《반지의 제왕》 뿐 아니라 전 세계 사람들의 사랑을 받은 《해리 포터》 시리즈가 그 대표적인 작품입니다.

그렇다면 왜 신화의 영향을 받은 작품이 많을까요? 그만큼 신화 속에는 다양한 상황이 있고, 극적인 요소가 많기 때문입니다. 수많은 계략과 음모가 꾸며지고, 여러 가지 기기묘묘한 모험이 펼쳐집니다.

신화는 오랜 세월 동안 사람들에게 전해 내려온 이야기이니만큼 인간의 여러 가지 숨겨진 특징을 다채롭게 보여 줍니다. 사랑, 미움, 갈등, 속임수 등 인간 삶의 모습이 들어 있지요. 그러니 현대에 이르기까지 여러 작품에 영향을 주는 것은 어쩌면 당연한 일인지도 모릅니다.

그뿐만이 아닙니다. 신화 속에서 볼 수 있는 상상력은 무척 놀랍습니다. 머리에 쓰면 투명 인간으로 만들어 주는 투구, 날개가 달려 있어서 신으면 하늘을 날 수 있는 신발, 무엇이든 한 번에 자를 수 있는 다이아몬드 칼, 크기가 마음대로 늘어났다 줄어들었다 해서 무엇이든 담을 수 있는 마법의 자루 등 기발한 물건들이 많이 나옵니다.

또 그 얼굴을 보기만 하면 돌이 되는 두려운 괴물 메두사, 하나의 눈과 이를 돌려 가며 쓰는 그라이아이 자매 등 흥미로운 등장인물도 가득합니다.

이러한 요소들은 특히 영웅이 등장하는 현대 판타지 작품에 영향을 많이 끼쳤습니다. 신화에 영향을 받지 않은 판타지 작품이 거의 없을 정도로 말이지요. 신화 속 이야기를 알고 작품들을 보면 이야기를 더 재미있게 즐길 수 있습니다.

올림포스 신들의 계보

크로노스 + 레아
하데스
지하 세계의 왕
포세이돈
바다의 신
제우스
신들의 왕
헤라
신들의 여왕,
제우스의 아내
헤스티아
난로 · 불의 여신
데메테르
대지의 여신
아테나
지혜 · 전쟁의 여신
제우스 + 메티스
아폴론
의술 · 음악의 신
제우스 + 레토
아르테미스
사냥 · 순결의 여신
아스클레피오스
의술의 신
아레스
전쟁의 신
제우스 + 헤라
헤파이스토스
대장간의 신
제우스 + 디오네
아프로디테
헤파이스토스의 아내,
미의 여신
에로스
사랑의 신
헤르메스
신들의 전령,
상업의 신
제우스 + 마이아
디오니소스
술의 신
제우스 + 세멜레
페르세포네
하데스의 아내
지하 세계의 여왕
제우스 + 데메테르

그리스 로마 신화 주요 인물의 이름

그리스 어	로마 어	영어
가이아	텔루스	
니케	빅토리아	나이키, 빅토리
데메테르	케레스	세레스
디오니소스	바쿠스	바커스
레아	키벨레	시벨레
아레스	마르스	마스
아르테미스	디아나	다이애나
아테나	아테네, 미네르바	
아폴론	아폴로	아폴로
아프로디테	베누스	비너스
에로스	쿠피드, 아모르	큐피드
오디세우스	울릭세스	율리시스
우라노스	카일루스	유러너스
제우스	유피테르	주피터
크로노스	사투르누스	새턴
페르세포네	프로세르피나	
포세이돈	넵투누스	넵튠
하데스	플루톤	플루토
헤라	유노	주노
헤라클레스	헤르쿨레스	허큘리스
헤르메스	메르쿠리우스	머큐리
헤스티아	베스타	
헤파이스토스	불카누스	벌컨

그리스 로마 신화 올림포스 가디언 21

안드로메다를 구한 페르세우스

펴낸이 양원석
펴낸곳 (주)알에이치코리아
등록 2004년 1월 15일 제2-3726호
주소 서울특별시 금천구 가산디지털2로 53, 20층 (한라시그마밸리)
문의전화 02)6443-8800

ISBN 978-89-255-4427-4(74800)
ISBN 978-89-255-4354-3(세트)

값 12,800원

원작 만화로 보는 그리스 로마 신화(가나출판사)
이광진 엮음, 홍은영 그림
명화 구입처 유로크레온(주)